Karin Zelle

Fröhlicher Kreuzstich

160 Frühlingsmotive nach alten Oblaten

rosenheimer

Einleitung

Die Bilderwelt der Oblaten und ihr Reichtum an Motiven ist geradezu unerschöpflich. Oblaten sind jene bunten, geprägten und ausgestanzten Glanz- und Lackbilder, die um die Jahrhundertwende als Poesie- und Stammbuchbilder bekannt wurden. Alle kleinen Mädchen haben die Bildchen gesammelt. Überquellende Blumenkörbe, Putten mit Füllhörnern und wallenden Schärpen, Tauben, Pärchen, Herzen und Kränzchen sprachen von Treue und zärtlicher Liebe und vermittelten den Eindruck, die Welt sei mit Rosen bekränzt.

Sentimentale Sprüche, in denen von Schicksal, Trennung, Abschied, Hoffnung, Mut, Sehnsucht, Erinnerung und Liebe die Rede war, wurden dem Scheidenden mit auf den Weg gegeben. Und Tugenden wie Edelmut, Pflichtgefühl, Tapferkeit, Bescheidenheit und Reinheit sind Inhalt mancher Gedichte und Lieder. Daher ist es nicht erstaunlich, dass sich Freundinnen damals Verse wie diesen in ihr Poesiealbum schrieben:

„Sei wie das Veilchen im Moose
sittsam, bescheiden und rein,
und nicht wie die stolze Rose,
die stets bewundert will sein.“

Ursprünglich bezeichnete das Wort „Oblate“ ein hauchdünnes Gebäck, das in der Kirche als „oblata hostia“, das „dargebrachte Abendmahlsbrot“, gereicht wurde und teilweise mit christlichen Symbolen verziert war. Siegelscheiben, die auch „Mundlack“ genannt wurden und die man leicht mit den Lippen anfeuchtete und zum Verschließen von Briefen verwendete, erhielten ebenfalls die Bezeichnung „Oblate“.

Die Seite dieses alten Oblatenbuches mit dem wunderschönen Korb war Vorbild für den großen Stiefmütterchenstrauß in Pastellfarben von den Seiten 12/13.

Die Geburtsstunde der Oblaten genau anzugeben ist nicht möglich, aber wir wissen, dass um das Jahr 1860 die ersten lithografischen Dampfpressen patentiert und einige Jahre später die ersten maschinell hergestellten Papiere herausgebracht wurden. Gleichzeitig wurden Stanz- und Prägemaschinen entwickelt, so dass man davon ausgeht, dass die ersten Oblatendrucke etwa um das Jahr 1865 entstanden sind. Der lithografische Farbdruck ermöglichte die Massenproduktion. Er nahm in Deutschland einen besonders raschen Aufschwung und Farbdrucke verbreiteten sich in vielen Ländern. Deutsche Firmen ließen sich in England und in den USA nieder, sie konzentrierten sich aber mehr auf den Verkauf und die Vermarktung der Oblaten als auf ihre Herstellung, denn gedruckt wurde zum größten Teil in Hamburg, Frankfurt, Leipzig, Dresden und Berlin.

Oblaten machten von diesem Zeitpunkt an einen großen Teil der gesamten Luxuspapier-Herstellung aus. Sie wurden in Bogen gedruckt, geprägt und gestanzt, so dass die einzelnen Motive nur durch schmale Papierstege miteinander verbunden waren und man sie leicht voneinander trennen konnte. Die Stege waren mit dem Aufdruck des Herstellerlandes versehen.

Schon bald fing man an, die schönfarbigen und preiswerten Oblaten zu sammeln und in eigens dafür hergestellte Alben einzukleben. Diese verbreiteten sich über die Grenzen hinweg in allen europäischen Ländern.

In Amerika damals groß in Mode: Oblatenhände als Visitenkarten. Hebt man die Oblate an einer Ecke ein wenig hoch, dann kommt der Name des Liebsten zum Vorschein.

Oblatensammeln artete in seiner Blütezeit zwischen 1880 und 1910 beinahe zu einer Sucht aus und wurde höchstens noch übertroffen durch das Sammeln von Bildpostkarten. In Deutschland wurden die Oblaten meist gewissenhaft in speziellen Alben aufbewahrt oder ins Poesiealbum und Schulheft eingeklebt. Als beliebte „Schatzkästchen" zum vorläufigen Aufbewahren eigneten sich Vaters alte Zigarrenschachteln. Hierzulande ordnete man die „Oblatenmanie" mehr dem unteren Mittelstand zu, der sich mit dieser Art „Kitsch" die Sehnsucht nach einer heilen Welt erfüllte, und man tat das Sammeln als Angelegenheit kleiner Mädchen ab.

Oblatenkarte in Form einer Bühne. Die Grüße stehen auf dem Boden der zusammengefalteten Karte; gedruckt etwa im Jahr 1895 in Deutschland.

Ganz anders dagegen in England. Das große Interesse am Sammeln und Arrangieren von Oblaten erreichte in Großbritannien seinen Höhepunkt. Hier begeisterten sich auch Erwachsene für die bunte Farbenpracht der Oblaten. Man beschränkte sich nicht mehr nur auf das Verzieren von Poesie- und Sammelalben, sondern die Oblaten hielten auch Einzug ins bürgerliche Wohnzimmer und schmückten Wandschirme, Tapeten und Kleinmöbel mit ihren zauberhaften Motiven.

Schon frühzeitig begann man in England damit, in kulturgeschichtlichen Museen Archive anzulegen, da man erkannt hatte, dass es sich bei diesen Massendrucken um Produkte von technischer Perfektion handelte, die sich auch bei den sogenannten „Gebildeten" großer Beliebtheit erfreuten.

Die Oblatenwelle schwappte sogar bis nach Amerika. Dort waren Visitenkarten mit aufgeklebten Oblatenhändchen sehr beliebt. Sie konnten angehoben werden und gaben dann den Namen des Verehrers frei. Noch heute sind diese Oblatenhände auf Antikmärkten zu finden. Mit etwas Glück erspäht man vielleicht sogar schöne, einzelne Oblaten oder ein richtiges Sammelalbum und holt sich damit einen Hauch von Nostalgie in unsere technikbeherrschte Welt zurück.

Vorweg einiges Wissenswerte über Material und Ausführung der Stickerei. Wählen Sie zunächst den passenden Stickgrund. Leinen ist der edelste Grundstoff. Es hat einen schönen Glanz, der auch bei wiederholtem Waschen erhalten bleibt. Durch sein leicht zählbares Gewebe ist es ideal geeignet für regelmäßig gearbeitete Muster. Beim deutschen Siebleinen gehen 8 Fäden, bei Schweizer Leinen 8 oder 10 Fäden auf 1 cm. Je weniger Fäden auf 1 cm treffen, desto besser lassen sie sich auszählen, allerdings fällt die Stickerei dann nicht so fein aus.

Ein Kästchen des Auszählmusters entspricht einem Kreuzstich. Dabei wird üblicherweise über 2 Gewebefäden in Höhe und Breite gestickt.

Die gebräuchlichsten Handarbeitsstoffe sind aus gezwirnter Baumwolle hergestellt. Es gibt sie in Weiß und vielen Farben und in feiner und grober Ausführung. Auch hier gilt wieder: Je gröber der Grundstoff, desto besser lassen sich die Stiche auszählen.

Ganz einfach stickt es sich auf Aidastoff, einem kräftigen Baumwollgewebe, das es in verschiedenen Stärken gibt. Der Stoff ist quadratisch gewebt und man stickt in die eingewebten Löcher, ohne zählen zu müssen. Daneben gibt es Perlaida, ein feineres Gewebe, bei dem ungefähr 4 Gewebekaros auf 1 cm treffen. Letztendlich wird man sich aber immer für den Grundstoff entscheiden, der im Charakter am besten zur fertigen Stickerei passt. Im Zweifelsfall kann man sich in einem guten Handarbeitsgeschäft beraten lassen.

Und noch etwas sollten Sie zu Beginn beachten: Sticken Sie nie mit zu langem Faden! Obwohl es so schön praktisch wäre und das häufige Einfädeln und Vernähen ersparen würde – das Stickgarn leidet aber unter dem ständigen Durchziehen und verknotet sich sehr schnell. Vernähen Sie Fadenanfang und -ende immer sorgfältig.

Vogelmotiv von den Seiten 44/45 in sehr zarten Pastellfarben. Die Stickerei ist mit 2 abgespaltenen Fäden in Höhe und Breite ausgeführt.

Ganz wesentlich trägt die Farbwirkung des Stickgarns dazu bei, eine Stickerei harmonisch erscheinen zu lassen. Das Sticken ähnelt in gewisser Weise dem Malen: Eine Fläche wird mit einem oder mehreren Motiven farblich gefüllt. Deshalb sollte man bei der Farbzusammenstellung sehr sorgfältig vorgehen und auch die Farbe des Stickgrundes immer im Auge behalten.

Stellen Sie für ein und dasselbe Kreuzstichmotiv die Farben unterschiedlich zusammen, je nachdem, ob Sie einen hellen oder dunklen Stoff verwenden. Sehen Sie die angegebenen Farbmuster auf den nachfolgenden Seiten daher nur als ungefähre Anhaltspunkte an. Am sichersten ist es, wenn Sie die Farben, die Sie verwenden wollen, dicht nebeneinander auf den Grundstoff legen und prüfen, ob sie harmonieren. Ist das nicht der Fall, dann ersetzen Sie unpassende Farben durch andere, bis die Farbwirkung stimmt.

Sticktwist gibt es in einer großen Farbpalette. Anchor Sticktwist von Coats Mez ist hervorragend für alle vorgestellten Objekte geeignet. Der Faden kann, auf das jeweilige Grundgewebe abgestimmt, ein- oder sechsfädig angewendet werden. Für Kreuzstich, der ja auf zählbarem Gewebe ausgeführt wird, verwendet man grundsätzlich Nadeln ohne Spitze. Gestickt wird über 2, 3 bis höchstens 4 Gewebefäden in Höhe und Breite, dabei entspricht 1 vorgegebenes Kästchen immer einem Kreuzstich.

Den Kreuzstich beginnt man mit einem Grundstich von links unten nach rechts oben. Der Deckstich wird von rechts unten nach links oben ausgeführt. Bei großen Flächen mit mehreren Reihen stickt man links beginnend eine Reihe Grundstiche bis zu Ende und setzt die Deckstiche auf dem „Rückweg“ darüber.

Für Leute, die viel sticken wollen, lohnt sich zum Einstieg ein Freihandstickring. Er ist leicht zu verstauen und Sie können ihn überallhin mitnehmen. Wenn Sie die Stickarbeit in den Stickring einspannen, erhalten Sie ein gleichmäßigeres Ergebnis.

BLUMENKÖRBCHEN

Mit üppigen Blumenkörben beginnt der bunte Reigen der vielseitigen Kreuzstichmotive, denn nichts drückt Glück, Liebe, Freundschaft und auch Verehrung in so hohem Maße aus, wie ein erlesener Blumenstrauß. Wer sich in „der Sprache der Blumen“ ein wenig auskennt, der weiß um den symbolischen Wert und die verschlüsselten Botschaften, die sich hinter den verschiedenen Blumen und ihren Farben verbergen können. So verbindet man seit alters her Rot mit Liebe, Rosa mit Zärtlichkeit, Blau mit Treue und Weiß mit Reinheit. Die abgebildeten Blumen sind unvergänglich und erfreuen den Besitzer jahraus, jahrein.

Rosen sind Symbole der Liebe und daher dürfen sie in keinem Blumenkorb fehlen. Eine Steigerung der Gefühle drücken Vergissmeinnicht aus. Sie stehen für die treue und wahre Liebe.

Foto: Der obere Blumenkorb ist als Mittelmotiv für das Unterarmtäschchen gewählt. Besonders edel und vollkommen wirkt die Stickerei, wenn der blaue Untergrund zusätzlich in derselben Garnfarbe bestickt wird. Die Tasche ist 16 x 20 cm groß, hellblau gefüttert und mit rosa Baumwollband eingefasst. Gestickt wurde mit halbem Faden über 2 Gewebefäden.

HAMBURG
OPER

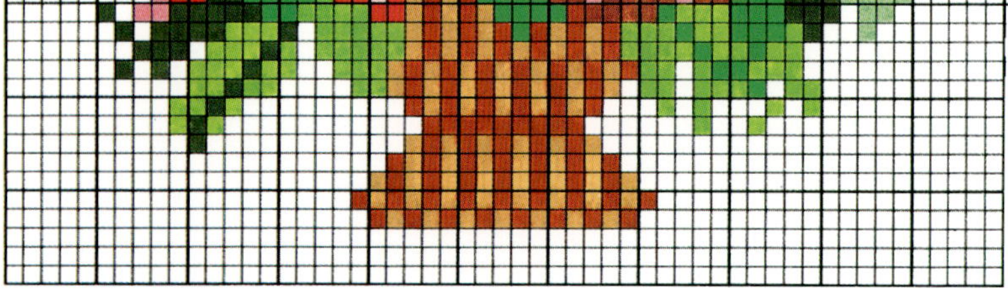

Dieser Blumenkorb ist besonders üppig mit Stiefmütterchen in zarten Pastellfarben gefüllt. Vorbild war die wunderschöne Oblate von

Seite 4. Als Mittelmotiv für ein hübsches Kissen könnte er ein ausgefallenes Schmuckstück auf dem Sofa sein. Auch als ovales Stickbild wäre er ein Traum.

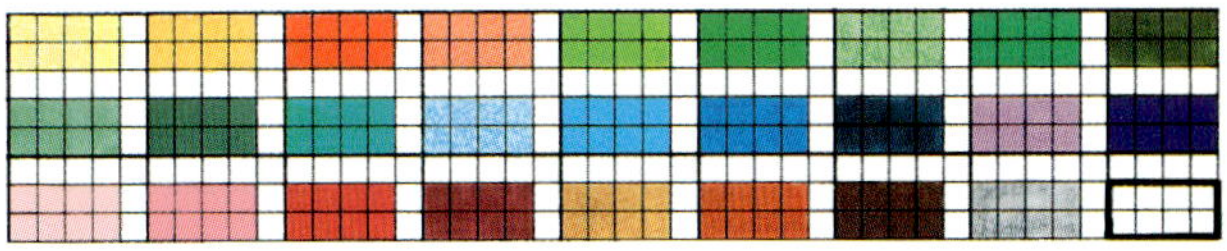

Die abgebildeten Farbmuster beziehen sich auf alle Motive von den Seiten 8 bis 13. Sie sollen nur als ungefähre Anhaltspunkte dienen.

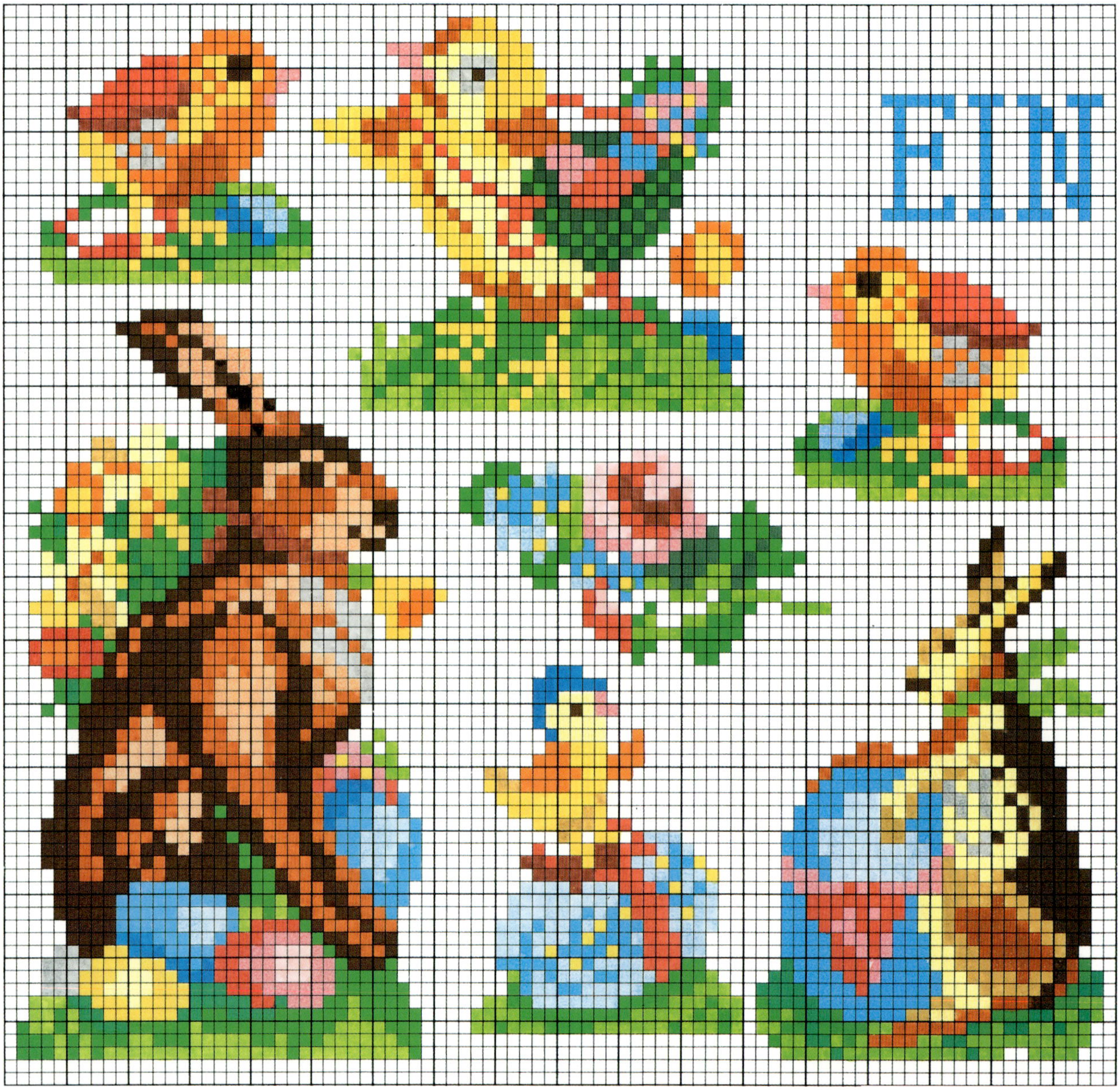

HASEN UND HÜHNER

Schon seit dem 16. Jahrhundert ist der Hase zum Osterfest unterwegs, um den Kindern die heiß begehrten Ostereier zu bringen. Er ist zwar die wichtigste Figur des deutschen Osterfestes, doch hatte er früher noch etliche Mitstreiter bei dieser Tätigkeit, denn Hahn, Storch und sogar Kuckuck und Fuchs legten die Eier ins

Nest, so jedenfalls will es das uralte Brauchtum. Einige der Legenden berichten, dass der Hase eigentlich eine Missgeburt ist, denn er sollte ursprünglich ein Osterlamm werden. Es heißt, die Bäcker hätten die Lämmchen aber so ungeschickt geformt, dass sie wie Hasen aussahen. Beim Osterhasen ist es bis zum heutigen Tag geblieben.

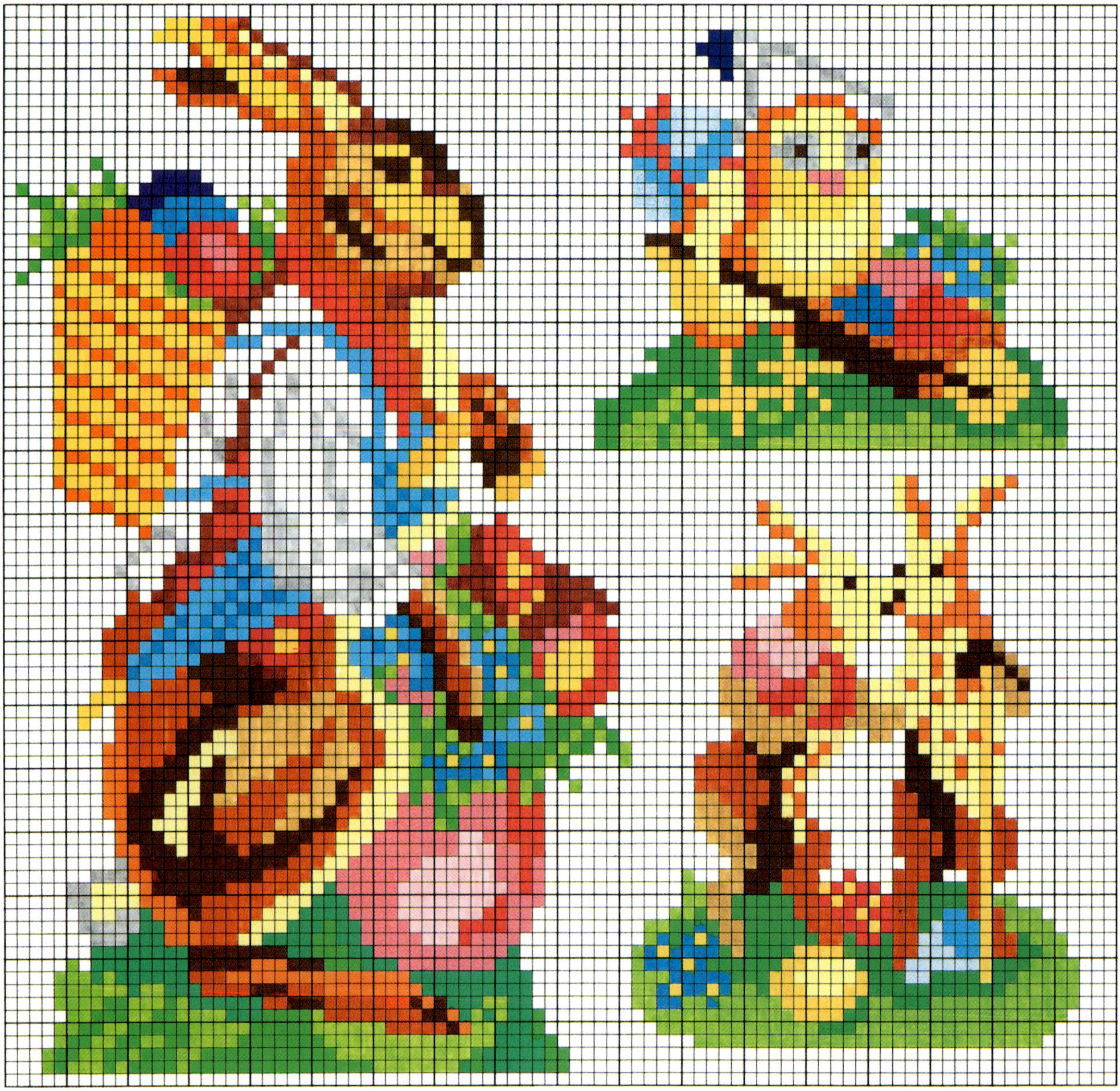

Hahn und Küken haben sich zum Frühstück versammelt. Auf dem weißen Kissen sehen sie besonders munter aus. Es ist ca. 25 x 30 cm groß, mit rotem Baumwollband eingefasst und hat ein kleines Innenkissen. Gestickt wird mit halbem Faden. Es lassen sich auch andere Motive miteinander kombinieren und leicht zu einem farbenfrohen österlichen Stickbild zusammenstellen. Leckere Überraschungen hat der Hase im Säckchen versteckt. Es ist ca. 17 x 30 cm groß, wird mit 2 abgespaltenen Fäden auf feinem Handarbeitsstoff gestickt und mit einer Kordel verschnürt.

EIN FROHES FEST

Kinder und Hasen, Küken und Hühner und jede Menge süße Eier – eine bunte, lustige Ostermischung zum Schmücken von Decken, Sets und Servietten. Zum Auflockern dazwischen ein paar Blumen und

Ranken, ein passendes Monogramm oder die Jahreszahl aus dem schönen Alphabet von den Seiten 36 bis 40. So erhält man mit etwas Phantasie ein ganz persönliches Geschenk.

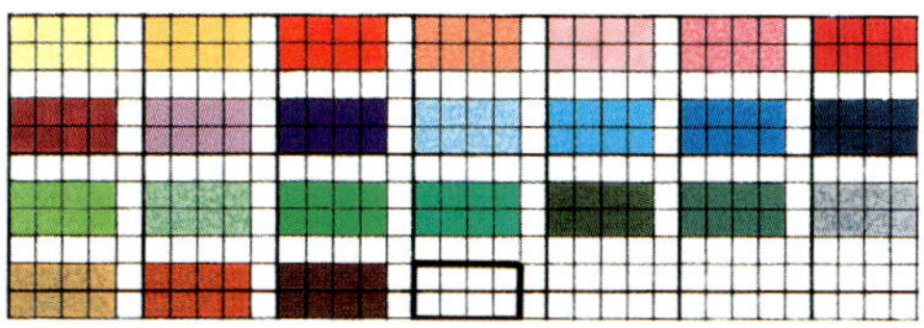

Die Farbmuster beziehen sich auf alle Motive von den Seiten 14 bis 19 und sollen als Anhaltspunkte dienen. Für kleine Motive passende Stickgarnreste verwenden.

PÄRCHEN

sind aus der heilen Welt der Oblaten nicht wegzudenken, denn sie sind in Figur und Kleidung ein genaues Ebenbild der Menschen ihrer jeweilgen Epoche. Ob als lockige Kinderköpfchen, Babys im Steckkissen, halbe oder ganze Figuren, fast immer sieht man sie hübsch gekleidet und mit Blumen geschmückt. Aber auch Spielzeug oder die Dinge des täglichen Lebens umgeben sie, wobei Haustiere nicht fehlen dürfen. Fast immer gleichen die Pärchen in Haltung und Aufmachung jungen Erwachsenen.

Ein blumiges Paar, so richtig zum Verlieben oder Verschenken. Wer es sticken will, der ahnt: Hier steckt viel Arbeit drin. Doch das Ergebnis kann sich sehen lassen.

Foto: Kleine Nadel- und Duftkissen mit viel Herz. Davon kann man nicht genug bekommen. Die Kreuzstichmotive einfach auf weißen oder pastellfarbenen Stoff sticken und zu kleinen Kissen zusammennähen. Dabei die Spitze zwischenfassen. Zum Füllen eine Öffnung lassen. Kissen mit Watte oder duftenden Blüten und Kräutern füllen. Die Öffnung mit kleinen Handstichen schließen.

Für Taufe, Geburtstag, Schulanfang oder ganz einfach als Mitbringsel für nette Leute - Pärchen lassen sich für vielerlei Anlässe verwenden. So ziert das kleine Pärchen (rechts unten) ein zartes Nadel- und Duftkissen (Seite 23). Es könnte aber ebenso gut den Einband eines Fotoalbums schmücken, das frisch Verliebten oder einem Hochzeitspaar gewidmet ist. Die Krönung: zusätzlich gestickte Initialen der Beschenkten.

Die Farbmuster beziehen sich auf alle Motive von den Seiten 20 bis 25 und sollen Anhaltspunkte für die verwendeten Farbtöne geben. Für die kleinen Motive lassen sich Garnreste verwenden.

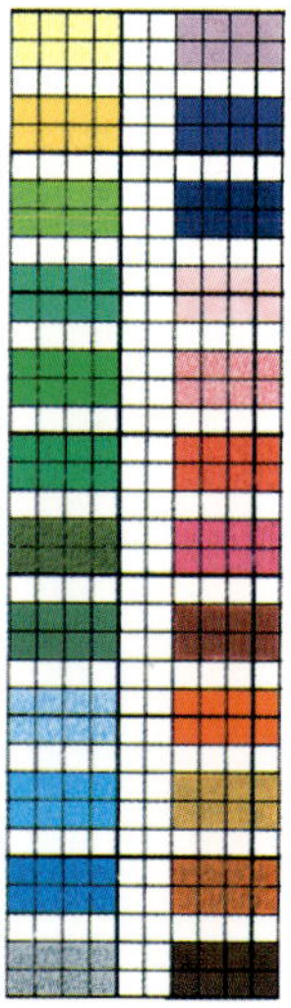

HUND UND KATZE

Haustiere sind immer wieder beliebte Oblatenmotive und eignen sich besonders gut als Stickvorlagen. Dabei sind Hunde und Katzen die großen Favoriten aller Kinder. Als treue Spielgefährten, Beschützer oder Bewacher sind sie häufig an ihrer Seite zu finden. Manchmal spazieren sie sogar auf den Hinterpfoten einher und gehen aufrecht wie die Menschen. Die niedlichen Tiere tragen

Kleider, Hüte und Matrosenanzüge und sehen aus wie ihre kleinen Herrschaften. Sie trinken Kaffee, fahren Rad, spielen Klavier oder verstecken sich in Körben, Koffern und Taschen.

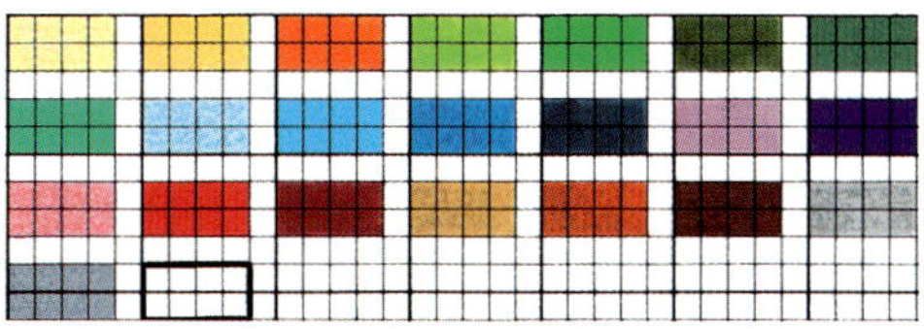

Die Farbmuster beziehen sich auf alle Motive von den Seiten 26 bis 29 und sollen als Anhaltspunkte dienen. Für kleine Motive passende Stickgarnreste verwenden.

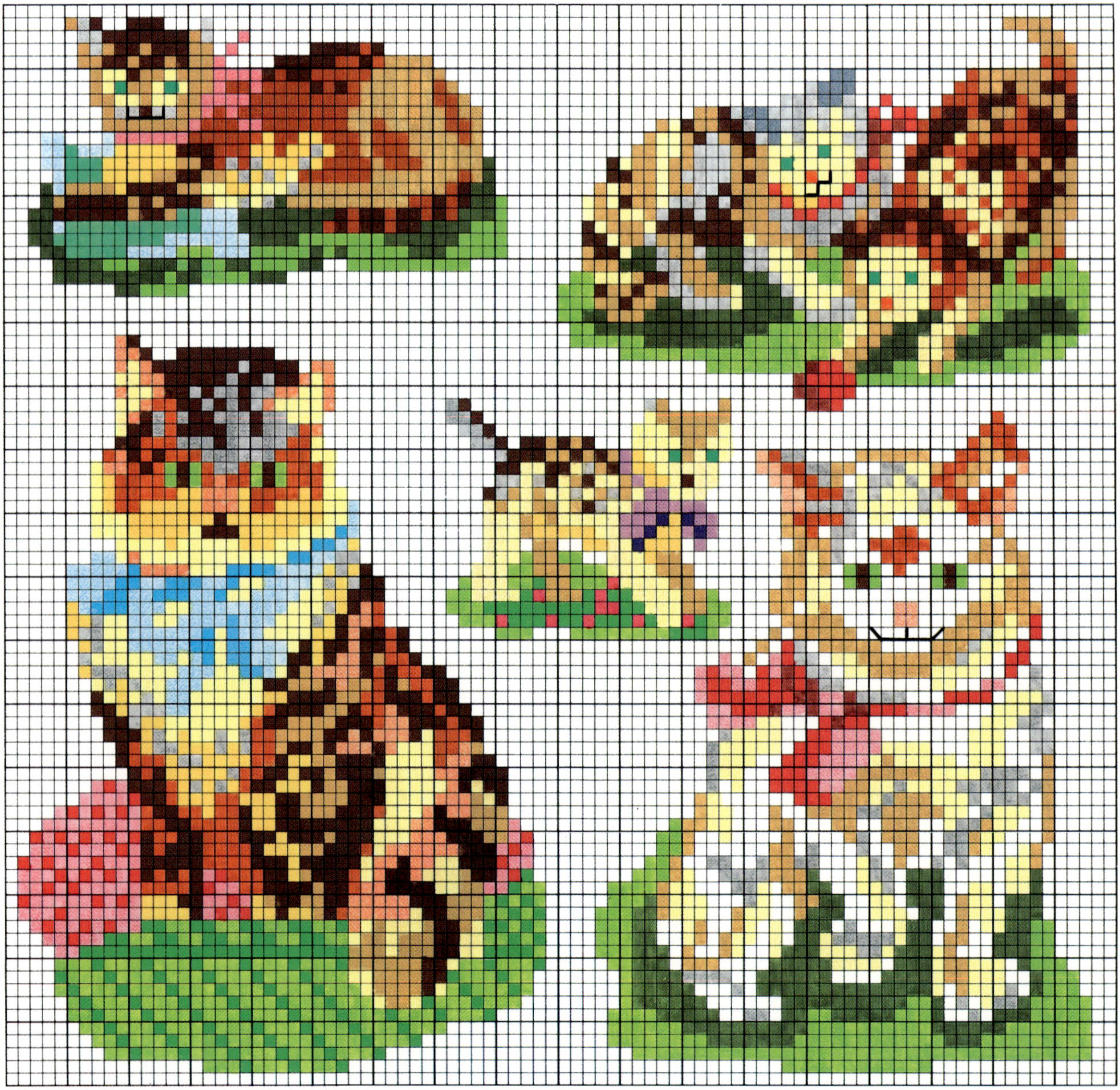

Darüber freuen sich Katzenfreunde: Adressbüchlein und ein Täschchen sind bestickt mit ihren Lieblingen. Da macht das Schreiben nochmal so viel Spaß. Einfach ein Adress- oder Notizbuch kaufen Vorderseite mit gesticktem Motiv beziehen. Die Rückseite ebenso arbeiten. Zwei farblich passende Kordeln von innen einkleben. Buch zusammenbinden und fertig ist es zum Verschenken.

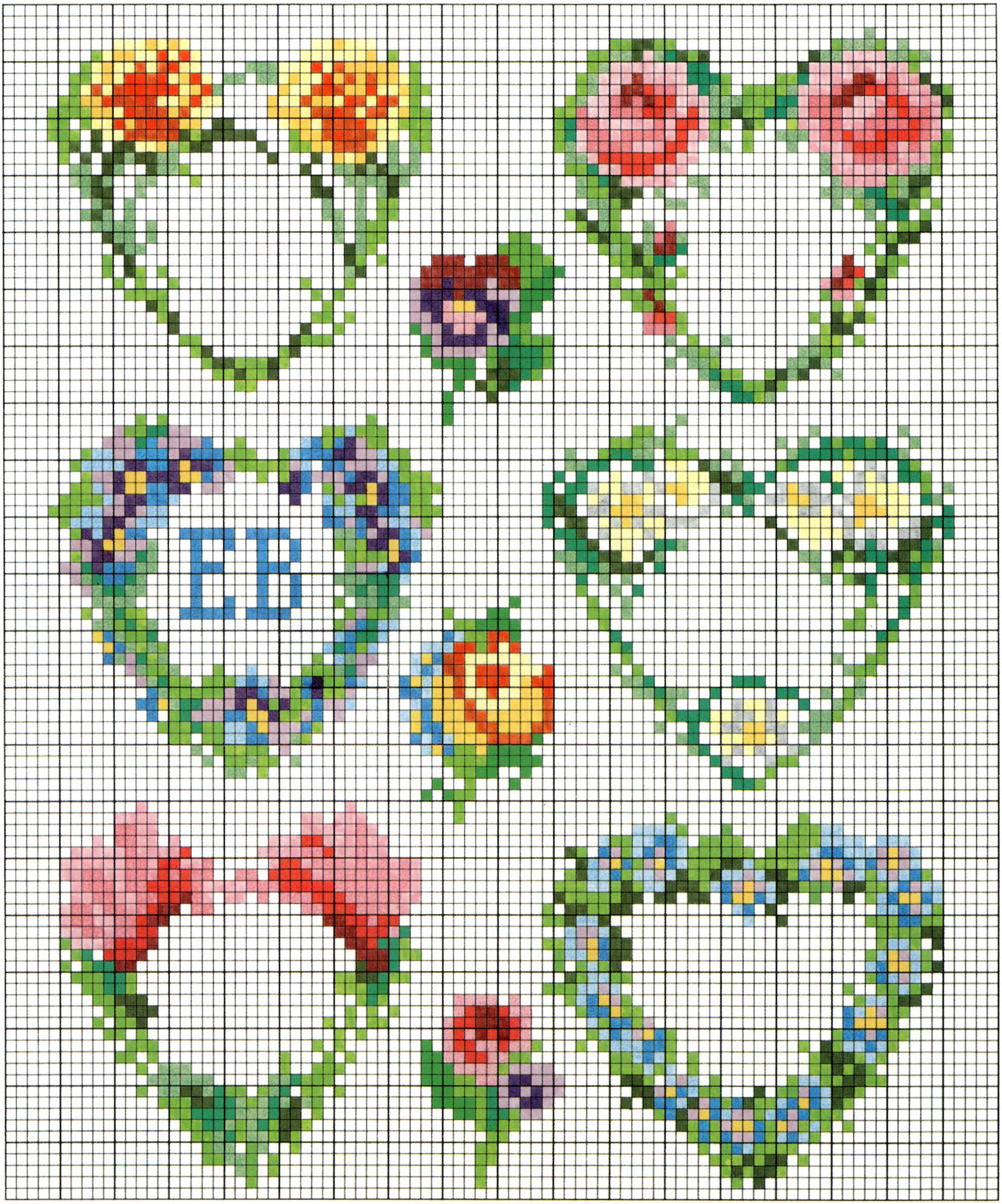
EB

BLÜTENRAHMEN

Blütenrahmen in Form von Herzen, Kränzchen, Körben oder Sträußen boten sich an, zärtliche Sprüche von Liebe und Treue darin zu verewigen und so der Angebeteten seine wahre, aufrichtige Liebe zu gestehen. Hier ist allerdings nur Platz für ein schönes Monogramm. Als Vorlage für die Initialen können passende Großbuchstaben aus Büchern oder Zeitschriften dienen. Dafür die Buchstaben im gewünschten Farbton auf das Kästchenpapier übertragen und optisch in die Mitte setzen. Wer kleine Stickbilder liebt, der findet in dem Engel mit Blütenrahmen ein romantisches Stickmotiv.

Noch mehr hübsche Ideen, die aus dem Rahmen fallen. Für ein langes, schmales Kissen ist der breite Blumenkranz wie geschaffen. Er bietet sogar Platz für einen Namen oder auch ein passendes Wort. Auf einen pastellfarbenen Stoff gestickt, wäre er der Star inmitten einer tollen „Kissenparade“.

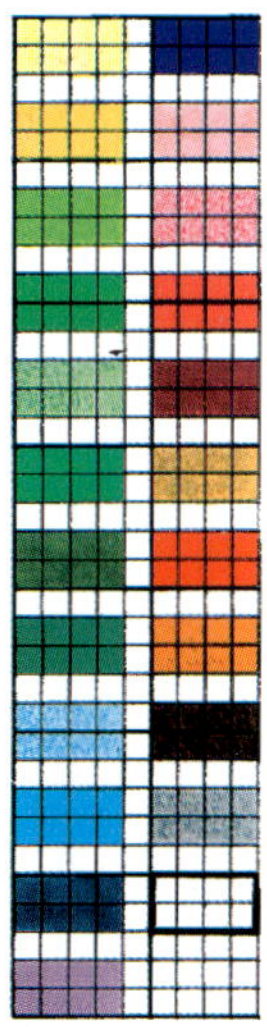

Die Farbmuster beziehen sich auf alle Motive von den Seiten 30 bis 35 und sollen Anhaltspunkte für die verwendeten Farbtöne geben. Für die kleinen Motive lassen sich Garnreste verwenden.

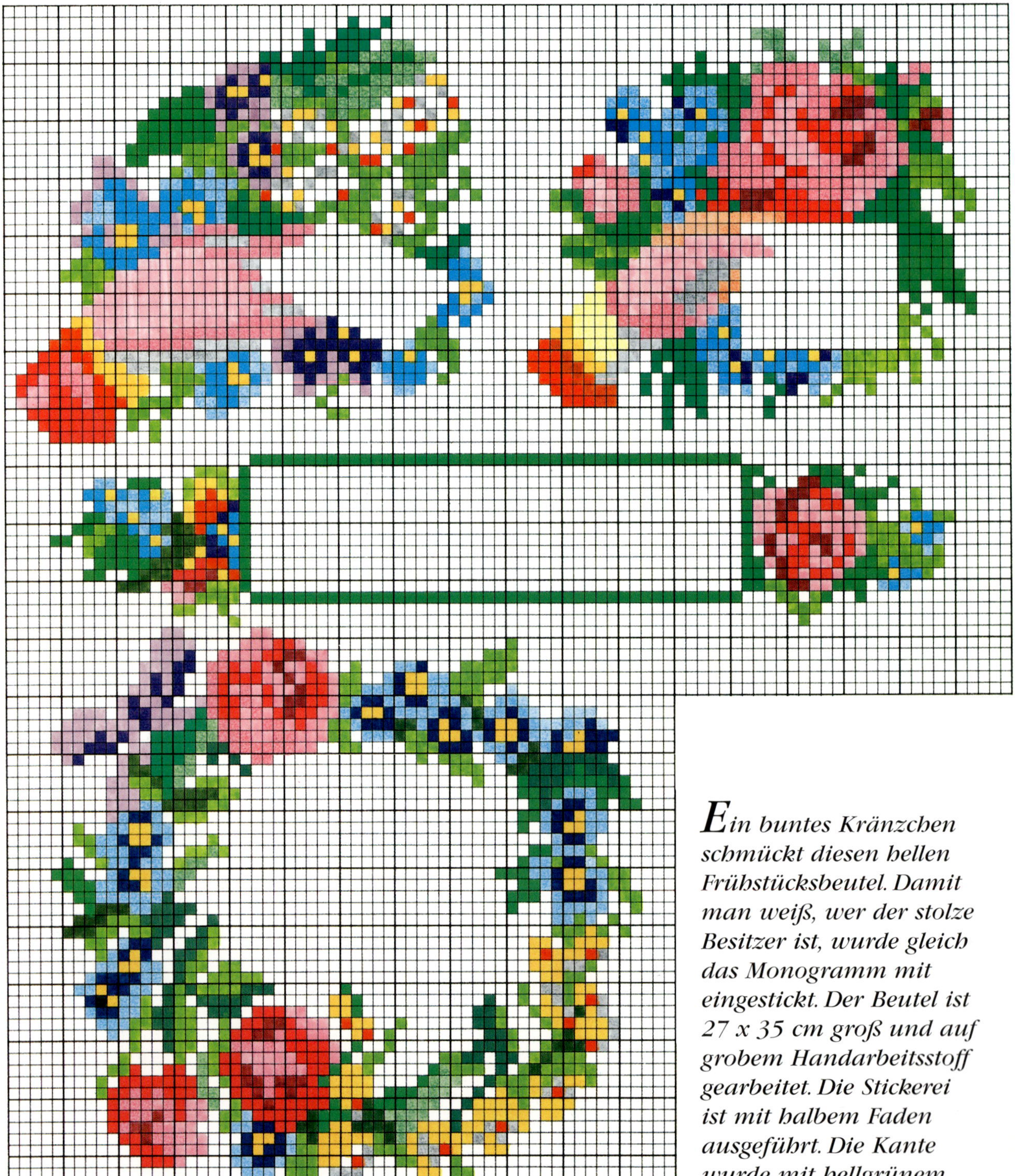

Ein buntes Kränzchen schmückt diesen hellen Frühstücksbeutel. Damit man weiß, wer der stolze Besitzer ist, wurde gleich das Monogramm mit eingestickt. Der Beutel ist 27 x 35 cm groß und auf grobem Handarbeitsstoff gearbeitet. Die Stickerei ist mit halbem Faden ausgeführt. Die Kante wurde mit hellgrünem Baumwollstoff eingefasst.

EH

Alphabet in Schreib-schrift

Im großen Frühlingsreigen darf ein schönes Blumenalphabet nicht fehlen. Dieses ist der englischen Schreibschrift nachgebildet und über und über mit bunten Blütenranken bedeckt.

Buchstaben und auch Zahlen zu sticken gehört schon fast zur Tradition. Beide sind auf vielen Stickmustertüchern zu finden. Die „Musterschülerinnen“ sollten an ihnen das Buchstabensticken erlernen, um damit Wäschestücke zu kennzeichnen. Dabei durfte auch die Jahreszahl nicht fehlen und ebenso wenig hin und wieder ein lehrreicher Spruch, der Fleiß und Ordnung besang.

Besonders kostbar sieht ein Monogramm aus, wenn zwei oder mehr Buchstaben ineinander verschlungen werden. Man kann das auf verschiedene Weise ausführen, indem man z. B. die beiden Buchstaben auf gleicher Höhe dicht ineinander schiebt oder einen der beiden Buchstaben diagonal verlaufend etwas tiefer anordnet. Ein Tip: einfach Fotokopien von den infrage

kommenden Buchstaben anfertigen, ausschneiden und so lange hin- und herschieben, bis die Buchstaben optimal miteinander verbunden sind. Erst danach mit dem Sticken beginnen.

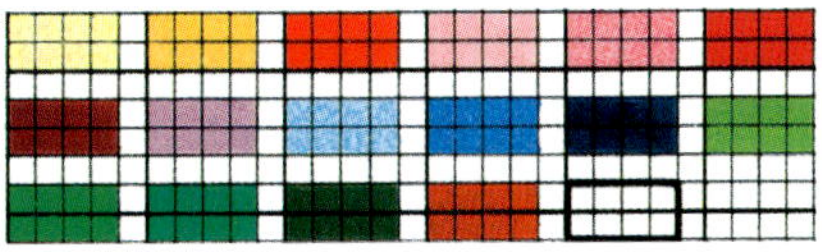

Die Farbmuster beziehen sich auf alle Motive von den Seiten 36 bis 41 und sollen Ihnen als Anhaltspunkte dienen. Soll das Alphabet auf dunklem Stoff gestickt werden, müssen die Buchstaben eine hellere Garnfarbe erhalten.

Zum Geschirrabtrocknen fast zu schade sind diese Handtücher aus Waffelpikee. Verwenden Sie sie deshalb auch mal als Tischläufer und richten Sie ein köstliches Obstbüffet darauf an. Wählen Sie Handtücher aus, deren Pikeemuster nicht mehr als 3 x 3 mm groß ist. Die Kreuzstiche müssen so in die Quadrate hineingestickt werden, dass Stege entstehen.

Herzen, Rosen und Vögel

Als Oblatenmotive erfreuten sich Herzen, Vögel und Rosen größter Beliebtheit, denn sie spiegelten am eindruckvollsten die am Romantischen orientierte Stimmung ihrer Zeit wider. Dabei ist die Anwendung und Wiedergabe von Rosenmotiven, was ihre

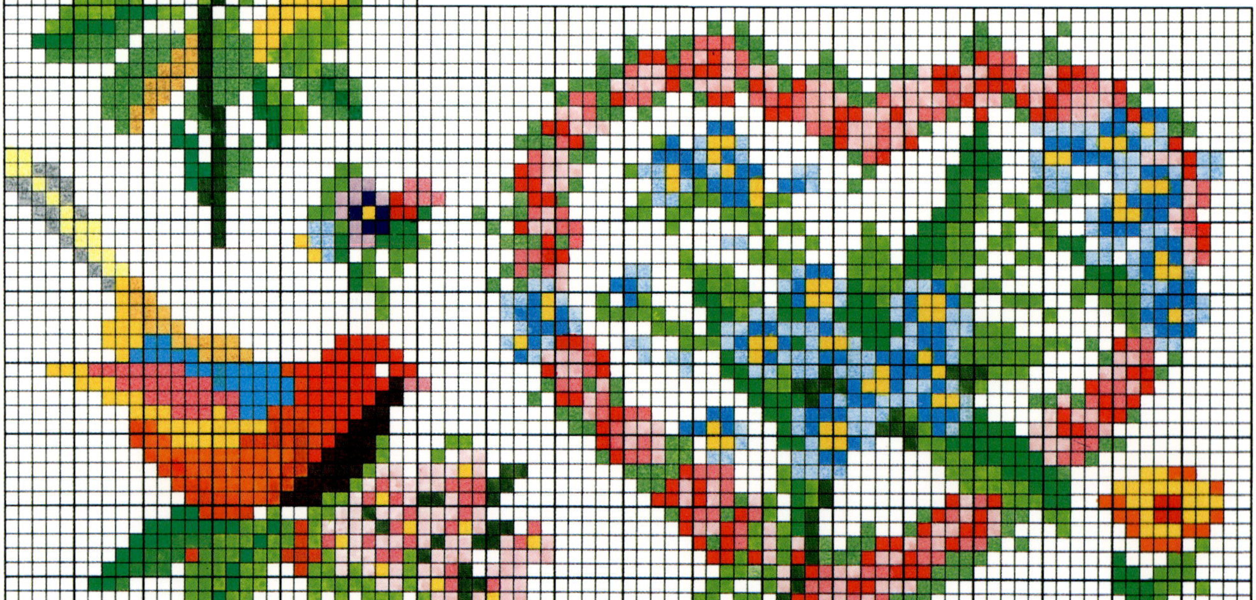

Häufigkeit angeht, unschlagbar. Man schätzt, dass die Rose viermal mehr verwendet wird als alle anderen Blumenarten, mit Abstand nur gefolgt vom Vergissmeinnicht. Zu besonderen Anlässen, wo Gefühlsausdruck und ein wenig Poesie geradezu erwartet werden, sollte man getrost von diesen stimmungsvollen Motiven Gebrauch machen. Ein Beispiel dafür ist das rosa Duftkissen in Herzform auf Seite 23, wobei durch eine Schleife das Liebliche noch ein wenig verstärkt wird.

Auf weißen Baumwollservietten haben sich die hübschen Singvögel niedergelassen und sorgen für eine freundliche Stimmung an der Kaffeetafel. Die Farben des Stickgarns sind bewusst in sehr zarten Pastelltönen gehalten. Gestickt wurde mit 2 abgespaltenen Fäden.

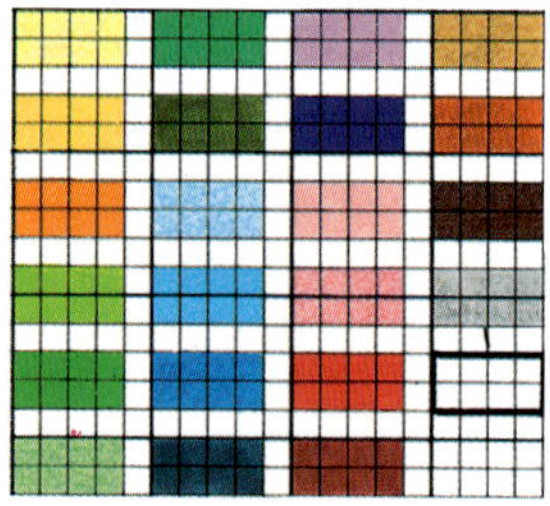

Die Farbmuster beziehen sich auf alle Motive von den Seiten 42 bis 45 und sollen als Anhaltspunkte dienen. Sie können auch alle Farbtöne zarter oder kräftiger auswählen.

Literatur

Elisabeth Ralf: Engel und Rosen, Stockholm 1973
Alistair Allen Joan Hoverstadt: Glanzbilder und Oblaten, München 1985
Elke Dröscher: Oblaten-Album, Dortmund 1982
Gunter Böhmer: Sei glücklich und vergiß mein nicht, München 1973

Danksagung

Ganz herzlich möchte ich meiner Freundin Birgitt Riggert danken, die mir in geduldiger Weise ihren „Oblatenschatz" über mehrere Monate hinweg zur Verfügung gestellt hat.

Fotografie: Uwe Bender, Hamburg
Satz und Lithografie: Simon Print Medien Service GmbH, Rosenheim
Druck und Bindung: Westermann Druck Zwickau GmbH
Printed in Germany

ISBN 3-475-52867-3

Anchor Sticktwist

Anchor *Sticktwist!* Für wertvolle, farbenprächtige Handarbeiten. 444 wunderschöne Farben mit seidig schimmerndem Glanz setzen Ihrer Phantasie keine Grenzen. Das hochwertige Stickgarn aus reiner Baumwolle, mercerisiert, ist sechsfädig, leicht teilbar und somit ausgezeichnet verarbeitbar.

1	914	75	111	9159	245	933	1217
2	1007	76	112	159	246	376	1243
275	1009	77	1030	160	1044	378	1219
386	880	78	939	1038	259	379	1220
300	881	60	940	1039	260	361	1202
301	882	62	941	161	261	362	1203
302	883	63	175	162	262	363	1204
303	884	65	176	164	263	365	1206
304	336	1026	177	410	264	1046	1200
1002	337	968	178	433	265	1045	1201
1001	338	969	120	928	266	1010	1207
292	339	970	121	167	267	1047	1209
293	340	972	122	168	268	1048	1208
295	341	66	123	169	269	1049	1212
297	1011	68	127	170	253	351	1211
298	1012	69	136	185	254	352	1210
288	868	1028	137	186	255	936	1213
289	9575	70	139	187	256	347	1214
290	1013	72	140	188	257	349	1215
291	5975	892	142	189	258	355	1216
305	1014	893	143	203	238	357	1218
306	1020	894	975	204	239	276	1223
307	1021	895	976	205	278	366	
308	1022	1027	977	230	279	367	
309	1023	896	978	206	280	368	
310	1024	897	979	208	281	369	
891	1025	1016	128	209	924	370	
890	23	1017	129	210	842	371	
901	24	1018	130	211	843	358	
311	25	1019	131	212	844	359	
313	26	869	132	213	845	360	
314	27	870	133	214	846	380	
316	28	871	134	215	681	381	
1003	29	872	144	216	852	382	
323	31	873	145	217	853	926	
324	33	103	146	218	854	387	
326	35	90	147	683	855	388	
1004	19	92	148	1042	856	390	
328	20	94	149	875	942	391	
329	22	85	150	876	943	392	
330	36	86	152	877	944	393	
332	38	87	1031	878	956	899	
333	39	88	1032	879	945	903	
334	55	89	1033	858	874	905	
335	57	1029	1034	859	907	900	
46	59	95	1035	860	277	1040	
9046	48	96	1036	861	885	8581	
47	49	97	1037	862	886	273	
1006	50	98	343	225	887	1041	
1005	52	99	920	226	888	231	
6	54	100	921	227	889	232	
8	40	101	922	228	830	233	
9	41	102	847	229	831	401	
10	42	119	274	923	832	397	
11	43	118	848	1043	898	234	
13	44	117	849	240	372	398	
1015	45	342	850	241	373	399	
778	271	108	779	242	374	235	
4146	73	109	851	243	375	400	
1008	74	110	158	244	906	236	
					1050	403	

Mögliche Farbabweichungen sind drucktechnisch bedingt. Originalfarbenkarte Nr. 444 erhalten Sie im Fachhandel.

95 · Made by Coats Mez

Coats Mez · 79337 Kenzingen · Tel. 0 76 44/802-222 · Fax 0 76 44/802-300